Lettre Nouvelle

A MONSIEUR

DE CHATEAUBRIANT,

PAR UN HOMME NOUVEAU.

IMRIMERIE DE CARPENTIER-MÉRICOURT,
RUE TRAINÉE, n° 15, PRÈS ST-EUSTACHE.

Lettre Nouvelle

A MONSIEUR

DE CHATEAUBRIANT,

EN RÉPONSE

A son Élégie intitulée

DE LA RESTAURATION

et de la

MONARCHIE ÉLECTIVE.

PAR UN HOMME NOUVEAU.

M. de Chateaubriant signait au congrès de Vérone : « Les
» hautes puissances, ayant reconnu que le gouvernement
» représentatif était incompatible avec le Droit Divin, s'en-
» gagent à ne pas souffrir que ce mode de gouvernement
» soit introduit dorénavant dans ceux des Etats de l'Europe
» qui en sont privés, et à l'anéantir PAR TOUS LES MOYENS
POSSIBLES dans ceux où il est établi..
» Reconnaissant l'impossibilité de gouverner avec la LI-
BERTÉ DE LA PRESSE, elles s'engagent à ne la laisser éta-
» blir nulle part, et à la DÉTRUIRE partout où elle existe. »
(Un Pair de France.)

PARIS,

CHEZ LES LIBRAIRES DU PALAIS-ROYAL.

1831.

Lettre Nouvelle

A MONSIEUR

DE CHATEAUBRIANT.

MONSIEUR LE VICOMTE.,

LORSQU'APRÈS la révolution de juillet, vous annonçâtes à la Chambre des Pairs, dont vous étiez alors membre, que vous ne pouviez « prêter foi et hommage au gouvernement actuel, et que vous vous retiriez pour toujours de la scène politique , » un grand nombre de citoyens, applaudirent à vos motifs. Retiré dans votre « cellule expiatoire, » tranquille au milieu des orages passagers, qui ont à diverses reprises grondé sur notre révolution, vous aviez jusqu'ici observé un religieux silence.

« Une proposition faite à la Chambre des Dé-
puté est venue changer votre résolution. Vous
serez compris, dites-vous, des gens de cœur. »

Permettez - moi, Noble Vicomte, d'établir une
distinction. Il y a plusieurs sortes de gens de cœur.
Les uns dont les affections sont tout entières au
présent et à l'avenir de leur Patrie. Les autres,
qui ne rêvent que le passé, et dont les regrets per-
cent de toutes parts. Vous serez compris, mais
non pas également approuvé des uns et des autres.

En juillet, tomba par sa faute, par sa stupidité,
par sa bêtise, pour me servir de vos propres expressions, une monarchie jalouse des libertés de
la France; qui n'avait d'instinct que pour ce qu'elle
appelait les prérogatives de sa couronne; mécon-
naissant, ou plutôt ignorant que les peuples ont
aussi leurs droits, qui ne datent pas seulement de
dix siècles, mais qui sont nés avec le monde.

Chassée de France, sans trouver un homme
qui se soit armé pour sa défense, cette monarchie
décrépite n'a point emporté dans l'exil cette reli-
gieuse résignation aux décrets de la Providence,
qui devrait être aujourd'hui sa seule pensée. Elle
rêve au contraire un retour insensé, appuyé par
la Chouannerie et par les bayonnettes étrangères.

Il était donc indispensable que dans cette situation, chaque Français connût nettement ses devoirs. Sous un régime de franchise et de liberté, il fallait que la loi indiquât positivement que quiconque agirait en faveur des Rois Exclus, serait coupable. Il fallait enlever tout prétexte à la malveillance.

Voilà le but de la proposition que la Chambre des Députés vient d'accepter.

Je l'avouerai, Noble Vicomte, je ne comprends pas bien la position dans laquelle vous vous placez. Vous ne voulez pas être un « larmoyant prédicant de politique sentimentale, un rabâcheur de panache blanc », et vous nous présentez en pleurant votre Henry de Béarn ! Vous iriez verser votre sang à la frontière, si l'étranger nous apportait dans ses bras cet enfant *qui maintenant joue à la suite d'une longue file de tombeaux.* Et comment pensez-vous donc qu'il puisse jamais rentrer en France ? Seul ? faible rejeton d'une race décrépite, il lui faudrait passer à travers cette pépinière vivace de la dynastie nouvelle. A la faveur de la guerre civile ? Ah ! Noble Vicomte, cette seule pensée ne vous a pas fait reculer d'effroi. Il n'y a que le canon Moscovite qui puisse nous ramener cet enfant du malheur ! Rêver à son retour, c'est aonc encore rêver à la honte et à la ruine de la France.

Tous ceux que j'ai rencontrés jusqu'ici dans le monde, froissés par la révolution soit dans leurs intérêts, soit dans leurs goûts, regrettant ce qui n'est plus, comme vous s'écrient, que si jamais l'étranger nous menaçait, ils seraient des premiers à le combattre? Je me défie de cette antipathie qui n'existe que sur les lèvres. Je puis croire M. de Châteaubriant; mais il en est peu qui m'inspirent la même confiance. Le temps n'est pas encore loin où les Bourmont passaient à l'ennemi sur le champ de bataille.

Comme vous, je reconnais que la Restauration de 1815 eût pu faire le bonheur de la France, si cette Restauration eût eu l'intelligence de comprendre son mandat. Cette Charte octroyée, avait été scellée par nos immenses sacrifices, le contrat était devenu synallagmatique, il fallait le rendre impérissable.

Ramenée par un million d'étrangers, assise sur un trône teint du sang des Français, et couvert du crêpe de la défaite, sur un trône essayé peut-être par un Cosaque, la restauration devait le briser et le refaire. Il fallait qu'elle se régénérât avec la France nouvelle. Quand Sainte-Hélène ne

posséda plus qu'un tombeau, il fallait dire :
« L'Aigle fatigué et vieilli par ses victoires ne pouvait plus planer au-dessus des nuages; ses ennemis
l'ont surpris dans son aire; les bourreaux, ils l'ont
fait périr dans la cage étroite où ils avaient com-
primé sa terrible envergure; Français, ne craignez
rien : votre gloire est aussi la nôtre; la guerre
nous a ramenés parmi vous, mais nous n'avons
point réclamé la guerre; nous ne voulons rien tenir de l'étranger; nous voulons régner sur des
frères; vos couleurs sont aujourd'hui les nôtres,
nous voulons pour la France les limites que la na-
ture lui a tracées; que l'étranger nous rende ce
qu'il nous a pris, ce que la nécessité seule a pu
nous faire abandonner! »

Eh bien! ce langage que n'a pas voulu tenir la
Restauration, la Monarchie Élue saura s'en servir.
Sa condition, c'est la gloire et la liberté, et non
pas les lois d'exception. Elle vit par la presse; et
la presse la vivifiera. Louis-Philippe peut la bra-
ver; voilà pourquoi il la respecte. Charles X ne le
pouvait pas; voilà pourquoi il voulut s'en défaire.
Je n'écris pas pour flatter; mais que la presse
s'empare de la vie de Philippe : enfant, on admire
son caractère noble et généreux; à Jemmapes, il
est soldat intrépide; dans l'exil, il est homme;

son courage, ses études, sa résignation dans ses malheurs ne sont pas ses moindres titres de gloire; pendant la restauration citoyen paisible, bon pere de famille, élevant ses enfans en citoyen; sur le trône, Roi-citoyen, aucun Français ne saurait le surpasser en amour pour la liberté, en patriotisme. Voilà ce Louis-Philippe qui, selon vous, Noble Vicomte, devra être tué par la presse.

Il est pénible de dire la vérité au malheur et à la vieillesse; mais voyons maintenant Charles X : Dans son enfance, une éducation négligée nourrit son sot orgueil; à peine est-il adolescent qu'il se livre sans frein au jeu et à la débauche la plus effrénée; dans l'exil, il fait des dettes, et abandonne lâchement ses partisans, sans oser tirer l'épée; sur les degrés du trône, intrigant, dévôt et hypocrite; devenu Roi, parjure et meurtrier.

Voilà le *vieux tronc* qui, selon vous, pouvait être impunément battu par les vents de la presse sans crainte d'être déraciné. Noble Vicomte, la partialité vous aveugle.

La nation entière ne saurait non plus reconnaître le jugement que vous portez sur elle. « La » majorité, dites-vous, veut la révolution avec le » pouvoir; nous croyons que la liberté est notre

» idole ; erreur. L'Égalité et la Gloire sont les deux
» passions vitales dé la patrie. Notre génie, c'est
» le génie militaire; la France est un soldat. »

Trop d'imagination souvent égare, Noble Vicomte. La France aujourd'hui veut la Liberté,
l'Égalité, la Gloire. Ces trois génies veillent ensemble sur elle, ils ne se sépareront pas. Oui,
ce que l'on désire c'est une Liberté sage, car
l'anarchie conduit au despotisme ; l'Égalité devant la loi, il ne doit y avoir d'égalité que celle
qui résulte des talens et de l'industrie, quelquefois du hasard, jamais du privilége; la Gloire,
elle est de plus d'un genre, vous le savez,
Noble Vicomte, ce n'est point sur le champ de
bataille que vous avez acquis la vôtre. Pourquoi
faire de la France un soldat ? La gloire de la
guerre lui appartient depuis long temps, il est
vrai ; mais la gloire de la paix ne lui est pas étrangère ; elle saura choisir dans l'intérêt de sa liberté.
Non, elle n'est point usée, comme vous le dites,
cette France qui en trois jours anéantit un trône ;
qui depuis huit mois, pour me servir de vos propres expressions, vit des progrès de sa raison, et
dans laquelle il ne se trouve que *cents beats* de
votre espèce, rêvant encore une combinaison de
liberté avec la famille qui nous ramena les Jé-

suites, et enfonça le glaive du despotisme dans le flanc de nos enfans.

Sans doute la Monarchie Élue, n'a pas encore vaincu tous ses embarras ; la folie et l'aveuglement des Rois absolus peuvent lui en susciter long-temps ; mais le Spectre Révolutionnaire n'effraie tout au plus que ceux qui croient aux revenans ; l'Enfant qui joue au bout d'une longue file de tombeaux, puisera un jour dans l'histoire de sa race déchue, des leçons dont n'a pas su profiter sa famille trois fois chassée de France ; et le Jeune Homme à qui sa mère a légué le passé et son père l'avenir, sait déjà sans doute que ce passé que lui lègue sa mère, (la lignée Autrichienne) est bien peu de chose à nos yeux, et que la cendre et la statue de son père, placées, l'une sous la base, l'autre sur le faîte de la Colonne, sont le seul avenir que la France puisse lui permettre.

Vous aussi, Noble Vicomte, vous avez admiré l'empire. Il n'a pas dépendu de vous que l'eau du Jourdain ne coulât sur la tête impériale du fils de l'Homme. Beaucoup de Français sont encore fiers d'avoir participé à sa gloire, mais personne n'a jamais dit que ce fût une ère d'indépendance. On l'a regretté comme un temps de triomphe et de puissance, sa gloire a fait pardonner le despotisme. Rien peut-il faire oublier dans la Restauration, les massacres du Midi, les échafauds politiques, et les mitraillades de juillet?

Si dans les quinze années que cette Restauration a régné sur nous, les Français ont eu par intervalle les libertés, les franchises qu'ils désiraient, ils n'en doivent savoir aucun gré à la famille alors régnante, qui ne s'est jamais étudiée qu'à trouver le moyen, non pas d'affermir, mais de saper à petit bruit, jusqu'à la dernière de ces libertés. Si quelque éclat a brillé sur cette période, si des édifices, des statues, ont embelli nos villes, si des établissemens industriels ont rivalisé avec nos voisins, si le grand élan commercial a fondé un immense crédit, c'est aux richesses accumulées sous l'Empire qu'il faut attribuer ces bienfaits, et non pas à la Restauration, qui, avec tant d'élémens de succès, ne nous a légué aujourd'hui que les dettes, les banqueroutes et la réparation des maux causés par ses prodigalités et par le système fatal de ses finances.

N'a-t-elle pas baissé sa tête sous le joug de l'étranger cette Monarchie de Droit Divin, qui par ordre du Czar, trop éloigné sans doute pour en avoir lui-même le mérite, intervenait en Espagne contre un peuple, qui demandait enfin les armes à la main, la liberté qu'un Roi, le qualifirai-je! avait promise en reconnaissance du sang versé pour lui jusqu'à l'épuisement, pendant cinq années de la guerre la plus meurtrière qui ait jamais épouvanté le monde.

On s'empara d'Alger sous les canons de Malte? honneur à notre armée qui sait vaincre sous tous les climats! honneur à notre marine! mais honte à la monarchie que vous regrettez, car elle ne fut autorisée à cette guerre qu'à la condition formelle de porter le dernier coup à la liberté de la presse, et à notre système électoral. La monarchie a payé le prix de sa honte et de son parjure. La gloire reste à la France qui seule l'avait conquise.

Le gouvernement actuel se montre pusillanime, dites-vous, parce qu'il refuse le trône de Belgique; parce qu'il ne peut secourir les Polonais les armes à la main; parce qu'en Italie, l'Autriche a réclamé un vain droit de protectorat envers quelques membres de sa famille? Noble Vicomte, si la monarchie de Droit Divin que vous regrettez tant, nous avait laissé les 3oo mille hommes que Soult vient de faire sortir de notre terre belliqueuse comme par enchantement, peut - être pourriez-vous accuser la Monarchie Élue de quelque faiblesse? mais sans soldats, sans armes, sans provisions, sans argent, vous vouliez que la France s'en allât *Donquichotter* par toute l'Europe. C'est bien alors, Monsieur le Vicomte, que vous auriez crié à la Révolution, à la Propagande. Le temps n'est pas éloigné sans doute où notre gouvernement, soit qu'il tire l'épée, soit qu'il ne fasse que la poser dans la balance, se vengera de la banalité de votre accusation. Si les triomphateurs de juillet, dans leur philantropique impatience, « s'expriment avec » amertume sur ce qui leur semble comprimer leur » énergie », leurs vives espérances ne s'associent pas aux vôtres, Noble Vicomte, car vous regrettez l'Enfant des tombeaux, qu'ils ont chassé, dont ils ne veulent pas, et pour le banissement duquel, à toujours, ils forment encore aujourd'hui une association, dont sans doute vous ne voulez pas être membre.

Ministre de Henri V, on vous aurait sans doute vu faire de grandes choses ! mais permettez-moi de croire que la carrière n'est pas fermée par Louis-Philippe, il combattra sous le drapeau tricolore, qui lui a déjà servi d'oriflamme, et qu'il vient lui-même de confier à l'honneur, au courage et au patriotisme de l'armée. Il saura, s'il le faut, agrandir notre territoire, illustrer nos armes, améliorer nos lois, rétablir l'ordre, relever le crédit et le commerce, enfin, faire plus en une année d'énergie de sagesse et de prudence, que la Restauration en quinze années avec ses courtisans, ses prêtres, ses vieux marquis et ses veneurs.

Je ne prétends pas me faire le champion des ministères qui se sont succédés depuis huit mois. Ils ont commis de grandes fautes, sans doute. Était-il facile qu'il n'en commissent pas ? Dans tous les cas, est-ce à vous, partisan de Henri V, qu'il appartient de donner des conseils au Monarque Élu? Permettez-nous au moins de croire que les regrets vous aveuglent, si nous avons trop de courtoisie pour vous appliquer ce que le Grand-Prêtre disait aux malheureux Troyens :

Craignez les Grecs, craignez jusques à leurs présens.

« Les exilés d'Édimbourg sont-ils les plus petits » compagnons du monde ? Ne font-ils faute nulle » part ? Ne doit-on pas appuyer le présent sur le » passé ! » Et moi aussi je veux dans le passé puiser des leçons pour l'avenir ! Pendant vingt ans qu'étaient-ils devenus ces *vieux troncs* de la monarchie ? Ce n'était certes pas en France qu'ils faisaient faute. Si Napoléon moins ambitieux, moins grand peut-être, eut su s'arrêter à temps, que seraient-ils aujourd'hui? Inconnus aux générations actuelles, ils auraient accompli sans interruption l'arrêt du Destin, qui a fermé pour eux les voûtes de Saint-Denis, et les a condamnés à laisser leurs ossemens sur la terre étrangère.

Comment le déplacement d'un homme de Saint-Cloud, a-t-il pu, dites-vous, ébranler l'Europe? Comme le départ de Napoléon l'ébranla; comme le départ de Philippe l'ébranlerait; comme une révolution, quel qu'en soit le motif, l'ébranlera toujours. Ce n'est certes pas le déplacement du génie de Charles X qui a effrayé le monde. M. de Chateaubriant, vous avez, à coup sûr, dans votre petit doigt plus de génie que Charles X et toute sa bigote suite, et cependant vous pouvez partir sans rien ébranler; c'est que vous n'êtes pas Roi; c'est que la France ne vous a pas confié ses destinées; c'est que vous pouvez satisfaire un caprice sans briser le pacte de la nation.

Vous regardez comme une conséquence rigoureuse de l'abdication de Charles X, celle de tous les autres rois gothiques. Tant mieux pour les peuples si votre prédiction pouvait s'accomplir: mais toutes les nations ne sont pas également mûres pour la liberté; les deux extrémités de l'Europe, l'Espagne et la Russie, n'en offrent-ils pas la preuve?

Comme vous, je pense que c'est une erreur de croire que l'on a gagné à la chute de la Légitimité le principe de l'Élection. L'Élection est un droit naturel, primitif, incontestable, qui a précédé la Légitimité. Si la société, dans son enfance, a été obligée de l'exercer, si, pour sa tranquillité et pour éviter la secousse d'élections trop fréquentes, elle y a joint le principe de la Légitimité, elle n'a pas entendu abandonner ses droits. Il vient un temps où elle est obligée de les revendiquer pour le bien général; cette heure était sonnée pour la branche aînée des Bourbons; sa Couronne, elle ne la tenait que de l'Élection; sa Légitimité, que de la sanction de la société; du moment qu'elle a faussé outrageusement son mandat, la société a pu lui retirer Couronne et Légitimité. Voilà le droit qui, écrit ou non, est un fait qui s'exerce chez tous les peuples. La France, l'Angleterre, l'Espagne, la Suède, l'Allemagne et la Russie, toutes les nations enfin, civilisées ou barbares, nous en offrent les exemples. C'est un malheur sans doute, car ce sont toujours les peuples qui payent les fautes des rois; mais cette mort de Légitimité est ausssi naturelle que la mort de monarque. Sans ce principe tracé du doigt de Dieu, les Rois se croiraient ses égaux, et l'orgueil qui les domine aujourd'hui, tout *fracturables* qu'ils soient, deviendrait alors le fléau du monde. Les Titans voudraient escalader le ciel.

Les Rois soutiennent leur Légitimité par des gardes, mais des gardes choisis dans la nation, et surtout par l'amour et le respect des peuples. Voilà leur sauve - garde. Si ce contrat de Légitimité s'entretient pendant dix, pendant vingt siècles, tant mieux pour le repos des peuples; tant pis quelquefois pour leurs Libertés; mais quand les fautes s'accumulent, la Légitimité de vingt siècles, la Légitimite de vingt ans n'ont pas plus de droits l'une que l'autre. L'Hérédité et l'Élection sont donc liées ensemble dans toute bonne constitution, c'est un être bien régulièrement constitué, et non pas, selon votre expression, un monstre amphibie à tête de Roi, et à Queue de peuple ; définition qui pour être ingénieuse n'en est pas moins aussi fausse que bizarre.

Le siècle marche depuis sa naissance à une amélioration générale. Malgré les obstacles que la raison a rencontrés, malgré les orages qui ont à diverses reprises défoncé sa route et retardé ses progrès, elle avance. Peut-être rencontrera-t-elle encore des insensés qui voudront obstruer son passage ; mais la résistance sera vaine. Le rôle des Rois est aujourd'hui de se mettre à la tête de ce besoin de perfection qui tourmente la société, et qui, n'en déplaise à ceux qui gouvernent, leur laisse encore la plus belle part des prospérités de ce bas monde.

Charles X est tombé parce qu'il a voulu construire une digue contre un torrent insurmontable; le torrent l'a englouti. Aujourd'hui il nous faut des hommes qui règlent sa majestueuse impétuosité, et qui sachent lui creuser un lit. Ce ne sont ni les vétérans de 93, ni les guerriers de l'Empire, ni les chamarrés de la Restauration, ni la Jeunesse actuelle, qui, pris séparément chacun dans leur système, peuvent accomplir ce grand œuvre. Il faut les bras de tous, la droiture, l'expérience, la résolution des uns, et la science et l'imagination des autres. C'est à Louis-Philippe qu'il appartient de diriger tous ces élémens de force et de gloire, et de consolider les colonnes du Temple.

Les deux premiers jours de la grande semaine, la cause de Charles X n'était pas perdue; s'il fût venu lui-même, un drapeau de paix à la main, bravant la fougue populaire, et en imposant ainsi par un acte de courage et de dévouement, dont le peuple comprend toujours la grandeur, s'il fût venu, dis-je, offrir lui-même son petit-fils à la France, au lieu d'aller courre le cerf pendant que ses soldats égarés nous mitraillaient, peut-être eût-on accepté le Jeune Roi avec enthousiasme. Le cœur français est si noble ! La vue d'un vieillard et d'un enfant faisait à l'instant jeter les armes ; mais quand le cerf fut mort, quand nos enfans, nos frères, nos amis, furent tombés sous la mitraille, il n'était plus temps ; les mains de la famille, même celles de l'enfant étaient teintes de sang. Il n'y avait plus de pacte possible. Que quelques personnes, avec vous aient versé des larmes sur les fautes, sur les coupables fautes d'une famille, hélas, frappée d'anathême, je le conçois ; mais que le fait une fois accompli ; que le trône remis en des mains pures et habiles ; que la France soumise avec enthousiasme à sa nouvelle dynastie, et pleine d'espérance dans son avenir, on vienne par des doléances, par des craintes chimériques, par des accens prophétiquement modulés, jeter encore l'alarme dans nos rangs, et abuser du talent d'écrire et de l'art de frapper l'imagination, pour en imposer aux vieilles femmes et aux faibles ; alors, M. le Vicomte, tout le respect que je professe pour votre personne ne peut m'empêcher de dire, de proclamer que vous avez manqué à la France.

Vous désirez sa grandeur et vous prêchez sa

ruine; vous faites des vœux pour son avenir, et vous insinuez la destruction du présent; vous demandez au ciel son bonheur et sa liberté, mais votre imagination vous peint une longue suite d'anarchie ou de despotisme. Et vous aimez la France ! Ce n'est point par des paroles qu'il faut aujourd'hui le lui prouver; mais par des actes.

Il y a des hommes qui ont un sentiment particulier de leurs talens et de leurs vertus, et qui ne s'en servent que pour bâtir des systèmes qui souvent les égarent eux-mêmes et servent à égarer les autres.

Il y a des hommes, qui, comme les Acteurs Bénéficiaires, annoncent toujours que la représentation qu'ils donnent sera la dernière, et qui ne peuvent jamais interrompre leur carrière.

Il y a des hommes qui proclament la stupidité des Bourbons déchus, la haine de la guerre étrangère, et qui cependant s'apitoient sur le sort de ces vaincus du peuple qui n'ont d'espoir que dans la ligue des baïonnettes ennemies.

Il y a des hommes qui ne croient ni à la Souveraineté du Peuple, ni au Droit Divin, qui peuvent se passer d'un Roi, qui ont en haine la République. Ils sont difficiles à contenter et à comprendre.

Il y a des hommes qui parlent sans cesse de Patrie, et qui, à toute révolution, se disposent à aller mourir sur la terre étrangère.

Noble Vicomte, les hommes ont tous leurs faiblesses, vous avez aussi les vôtres. Plus heureux que le commun des hommes, vos faiblesses acquièrent de vos immenses talens une sorte de grandeur imposante et respectable. La France vous revendique comme une de ses plus brillantes gloires littéraires. Si la France bannit des rois coupables, elle n'exclut aucun de ses enfans; pourquoi vous exiler sur la terre étrangère?

Si votre âge, vos antécédens, vos principes, vous condamnent au repos, observez religieusement cette noble résolution; si vos facultés n'ont pas vieilli, et que vous vouliez encore labourer le champ des passions, donnez aux Français l'exemple de l'union, de la concorde et de la confiance.

Choisissez entre ces deux moyens; ils sont les seuls qui vous restent pour conserver cette estime publique, si fragile dans ces derniers temps, à laquelle vous paraissez attacher une aussi haute importance, et que vous avez voulu garder, dites-vous, « en abandonnant la scène politique, après les journées de juillet. »

A. P.

FIN